백지수표의 꿈

지성·감성의 메타언어
조선문학시인선 · 892

백지수표의 꿈

김 계 문 시집

조선문학사

■ 책머리에_시인의 말

첫 번째 시집은 무식 용감했고
두 번째 시집은 왠지 머뭇거려지는데
평생을 서랍에서 잠자게 하느니
과제를 제출하고 가벼워지자

부끄럽지만
'나는 나'이면 되는 것
누구와 비교할 것도 없음
설익은 과일을 내놓은 듯 아쉽지만
적당한 독자에게 시집가서
성숙한 마음 밭에서 자라나기를
기도할 따름

박진환 선생님,
격려로 함께 해주신 시우들,
가족 지인 모두에게 감사한 마음으로

언제 어디서나 내 손 잡고 가시는

하나님께 영광 돌리며….

2024년 2월

은비(恩飛) 김계문

백지수표의 꿈 차례

책머리에_시인의 말 / 5

제1부 자연·꽃

가을비 연주회 / 13
갈대·2 / 14
개망초꽃 / 15
공수거(空手去) / 16
눈 오는 날·2 / 17
돋아나는 봄봄 / 18
동백, 이별도 못한 별리 / 19
라벤터 꽃피는 시절 / 20
무궁화 / 21
민들레 / 22
바나나꽃이 필 적에 / 24
빗소리 들으며 / 25
산수유꽃 / 26
산중 해넘이 / 27
소낙비야 / 28
상사화 / 30
시화호에서 / 31
오월을 열며 / 32

올해도 연두꽃이 피었습니다 / 33
유월의 숲에 들어 / 34
유월의 숲에서 평화의 노래를 / 36
일일초 / 37
자작나무 숲으로 가리라 / 38
장마 / 39
진달래, 그 붉은 울음꽃 / 40
칠월을 맞으며 / 42
함박눈 오는 날 / 43

제2부 인생·어머니 생각

겨울비 오는 날 / 47
미용실 입구 사랑초 / 48
사람에게는 얼마만큼의 땅이 필요한가 / 50
애도 기간 / 52
어떻게 살았냐 묻는다면 / 53
어부바 / 54
엄마 목욕 시키기 / 55
을 딸은 효녀일까 / 56
일몰의 시간 / 57
월광곡 / 58
임 만나러 가는 길 / 60
참매미와 광복절 / 62
초승달·2 / 63

커피 한 잔의 묵상·2 / 64
커피에게 듣는 인생 강의 / 65
코로나 섬 / 66
폭탄 / 67
헤어질 결심 / 68
현충일에 / 70

제3부 신앙으로 가는 길목

2023년을 보내며 / 75
고베를 지나며 / 76
꽃진 자리 / 78
꽃기린꽃 / 80
난화(亂畵) 속에서 / 81
눈물이 목구멍으로 흐를 때 / 82
다시 게으름 / 84
내 마음에 나무 한 그루 / 86
달개비꽃 / 87
담쟁이·2 / 88
맨드라미 / 89
뒤척이는 밤 / 90
백지(白紙)수표의 꿈 / 92
부활을 기다리며 / 94
빗방울 잔치 / 96
밤 비행기 안에서 / 98

빗소리 듣는 아침 / 99
사랑초 한 송이 키우고 싶다 / 100
사월에 찾아온 자목련 / 101
석모도에서 / 102
선교여행 / 104
산수유꽃·2 / 106
시리아 알레포 / 108
어느 봄날에 / 110
이 봄날, 길 위에서 / 112
이른 아침 산책길 / 114
읽는다 / 116
올해도 수국이 피었습니다 / 118
전철 안에서 / 119
천일홍의 소망 / 120
커피 한 잔의 묵상·3 / 122
카라꽃 / 124
하늘 위에서 식사 / 125
환승역에서 / 126

제4부 시집 평설

백지수표의 꿈, 시의 결실로 영글어_박진환 / 128

제1부
자연·꽃

가을비 연주회

가을비가
하늘하늘 코스모스
애처로운 허리 쓰다듬으며
조심조심 연주회를 열었습니다

인원 무제한 마스크 무착용
빗방울 전주곡으로
청중을 진종일 끌고 갈 것입니다

코로나 사태로 코피 나는 이들
아프간 사태로 마음 아픈 이들
비가 오나 눈이 오나
줄담배 뻐끔뻐끔 뿜어내는
구멍가게 사장님 머릿속도
시원스레 뻥 뚫어줄
오직 가야 할 한 길을 제시하며

가을비 연주회에 그대를 초대합니다

갈대 · 2

갈빛 짙어가는 저녁
바람이 옆구리 스쳐 가는 의미
갈대는
해독할 수 없어
이리 흔들 저리 흔들

갈밤 깊도록 잠 못 들며
예서 제서 들려오는
갈갈 가을 앓는 소리
그대 마음 알 수 없어
이리 뒤척 저리 뒤척

개망초꽃

이 땅에
꽃으로 피어나
명함 하나 내밀지 못하는 꽃

망초 망초 개망초
화풀이 발길질에
얼굴 들지 못하고
불명예스런 이름 하나 걸머진 채
후미진 곳에 모여 살며
망국의 한 서럽게 달랬다오

밤이면 별을 보며
눈물의 기도 올려
아름답게 수놓은 조국강산
이제도 바람 잘 날 없는데
뜬구름 속에 감추어진 화해의 꿈
눈물로 적시며
초롱초롱 돋아나는
개망초꽃 무리들

공수거(空手去)

엊그제 비바람에 떨어진
잔디 위에 쏟아진 낙엽들
영혼까지 내맡기고 누워있다

비우라 하니 반항하던
가을나무의 주인공
은행나무도 이젠
황금 갑옷 비늘 다 떨어뜨려
사회 환원하더니
마지막 가는 길
홀가분하다며 발자국 찍고 간다

비우고 가벼이 떠나
엽혼(葉魂)으로 돌아가는
고요 속에 잠긴 늦가을 저녁

눈 오는 날·2

오랜만에 내리는 함박눈이 반가워
버선발로 뛰어나가고 싶다

휘몰이로 갈팡질팡하더니
살짜기 나에게 다가와 안기는데
임의 손길같이 포근하다

코비드-19의 권세에 밀려
속절없는 장기전으로
매정하게 돌아서
서로 섬이 되어 살아가고 있는 사람들

오늘도 그대에게 닿고파
하이얀 그리움 물고
망루에 올라서서 눈빛으로 말해본다
스마트폰 반납하고
그대 품 안에 안겨
하나가 되고 싶다고

돋아나는 봄봄

3월 하순에도
봄이 어찌 이리 더디 올까
살금살금 마중 나가보니
겨울이 품은 봄아기씨
소리 없는 진통으로
해산하고 있었네

돌 틈에서도
핏기 없는 마른 나뭇가지
검불 속에서도
숨죽이며 몰래 몰래
돋아나는 봄의 산통 기미

숨기려 해도
진실은 터져 나오는구나
지난겨울 울며 뿌린 씨
기쁨의 싹으로 돋아나고 있음이었구나

동백, 이별도 못한 별리

붉은 그리움으로 한 잎 두 잎
첩첩이 쌓이는 밤들

이별도 못한 별리에 그대
그린비* 되어 숨어버렸나
눈을 감아도 감을수록 더 잘 보이는
마지막 쓸쓸한 뒷모습

썼다가 지우고 지웠다 써도
완성하지 못한
마지막 한 줄 때문에
막힌 동백의 겨울밤은 길기만 하구나

이렇게 하루 또 하루
그리고 어느 날
획, 떨어질 목숨
그 날이 오기 전에
못다 부른 동백의 노래
동박새 날개에 실려 보낸다

※ 그린비 : 그리운 남자.

라벤더 꽃피는 시절

유월의 해가 조심조심 언덕을 넘어가며
허리춤 추켜 올리는 날

조그만 화단에 피어난 라벤더 군락
환상의 보라로 홀리는
그 호객행위에 난 깜빡 넘어갔지요

첫 눈빛을 교환하며
우린 특별한 인연이 될 예감이 왔어요
우여곡절 없는 생이 어디 있겠어요
생사고락의 긴 여정을 함께 걸어감도
요란 떨지 않고
침묵*의 괄호 안에 담아
삭히고 삭히며 숙성시켜온
그대와 나의 이야기는

보세요!
라벤더 향 가득 채운
보물단지가 되었잖아요

※ 라벤더 꽃말 : 침묵, 정절.

무궁화

핏방울 떨어진 자리에
하나 지면 하나 피고
순교의 피가 이어지는 이 땅에
자유의 소중함을 되새기며
8·15 징검다리 건너
100일을 이어가는 꽃

그 투혼의 절개로
생명 던져 지키는 이 땅
눈물 떨어진 가지마다
혼의 씨앗으로 심겨져
한 송이 또 한 송이
끝도 없는 생명을 낳고 있다

일편단심 무궁화
설레어도 들레지 않는 미소,
인내와 끈기로 한반도를 덮어
무한대로 피어날
영광스런 샤론의 꽃
무궁 무진 무궁화꽃

민들레

방울방울 곧 터질 것 같은
커다란 눈망울들 민들레 홀씨
소중히 간직한 생명싸개
터트리고 나온 너는

실바람에 업혀 시집온 돌 틈에
터를 잡고 인내하는 법을
어디서 배웠을까

땅딸보 난쟁이라고 놀려대도
축복의 기도 한 줄 남기고
아래로 아래로 땅속까지
낮아지는 법을 어디서 배웠을까

때로는 장미꽃처럼
행복 만발한 웃음 ㅎ ㅎ ㅎ
요염하게 웃고픈 유혹이련만
수수하게 자아내는
너의 가난한 미소는
마른 땅에도

별처럼 많은 꽃 반짝이게 하는
맡은 바 임무 완수
어디서 배웠을까

누구 돌보는 이 없어도
옹골차게 살아내는 법을
대체 어디서 배웠을까
위대한 업적이로구나

바나나꽃이 필 적에

바나나꽃이 피면
숫대같은 바나나 잎사귀 아래
산마을 사람들의 꿈도 함께 벙그러지지

얼기설기 지은 집 안
마음의 우산 하나 오목하게 펼쳐
생채기 난 곳 어루만지며
서로 어깨 토닥이는 꿈을 피우지

소박한 일상의 꿈도 꿀 수 없는 이들은
저 너머 아스라이
동경 속에서만 가 닿을 수 있는
낯선 나라의 어느 지점에 가 있지

빗소리 들으며

빗방울 떨어지는 소리
또도도독 또도도독

창밖을 바라보니
빗금으로 그어 펼쳐주는
무채색의 수채화
나만을 위한
빗방울 전주곡과 함께
떠나는 여행

동그랗게 다가오는
빗방울 닮은 그대 얼굴
그래, 그대 사는 곳은 어떤가
녹록지 않은 사랑살이
둥성이마다 옹이꽃이 얼마나 피었는가

오늘도 그대 안부를 물으며
마시는 차 한 잔에
나도 빗방울 되어
그대 창가를 서성이네

산수유꽃

코로나 일구 소리만 들어도
아이구 소리가 나오는데
지끈거리는 머릿속 달래려
야산에 오른다
간밤 정신없이 주절거리며
처마 밑에 쭈그리고 앉아 구시렁대던
봄비
예 와서 회포를 풀어놓았나
순박한 산수유꽃들
은근지게 피어내는 노란 웃음
알 듯 모를 듯 하여라
감추려 해도
노랗게 발효되어 삐져나오는
그 비밀의 웃음을

산중 해넘이

어둠이 아스라한 첩첩산중
메평선 위에 달려있는
붉디붉은 열매 하나 굳이
삶의 궤적을 따라가 볼 필요는 없어
열심히 소명을 다한 생의 응축이려니
지상의 모든 씨앗들 실한 열매 맺히우고
공치사도 하련만
박수갈채 환호에 흔들림 1도 없어
외려 부끄러워 얼굴 붉히며
노을빛 향기만 뿌려놓은 채
대드리인 그려놓은 산속으로 숨는다

소낙비야

불꽃 튀기는 아스팔트 위로
광풍이 몰고 온 소낙비에
조국 강산이 뒤집어지고 있다

온 조국땅을 들쑤셔놓는
조국 이야기
이러쿵저러쿵
저러쿵이러쿵

삶이란
무대의 막이 오를 때마다
살벌하게 벌어지는
잔치 한마당이런가

소낙비야
하늘 땅 한뜻 되도록
쫙쫙 풀어다오

말갛게 씻긴 무대 위에
코스모스 청순한 미소로

가을 오르면
허공을 맴돌던 우리 사랑도
무대 위에 오르리

상사화
- 개난초

잎과 꽃이 어우러져야
진정 아름다움이 아니던가
우주의 개혁이 있기 전
만날 수 없는 잎과 꽃

네가 잎으로 살다 지면
내가 꽃을 피운들
무슨 의미일까

낮과 밤, 빛과 어둠 사이
어느 접힌 구석에서
불통의 소통으로
미로를 헤매는 숨바꼭질
어느 때 둘이 만나
사랑을 완성할까

한 근원에서 태어나
제마다의 삶을 살아가는 인생
너나없이
상사병 앓는 소리

시화호*에서

하얗게 눈화장을 한 시화호
눈이 와서 바다도 좋은가보다
잔잔한 물결에 푸른 피가 돈다

서해바다로 사는 것이
얼마나 힘들지 하늘도 알아
조금**의 은혜로
어깨 토닥토닥 휴식을 주는구나

잠시 쉼이 주어진 은혜에
내 얼굴에도 화색이 돈다.

* 경기도 안산시 단원구 대부남동에 있음. 1987년 시화방조
제가 착공되고 1994년 완공되면서 만들어진 인공호수. 시
흥군과 화성군의 첫 글자를 따서 시화호가 됨.

** 조금(潮—) : 조수가 가장 낮은 때(매달 음력 초여드레와
스무사흘에 있음).

오월을 열며

오월은
슬픔도 삼켜 용해시킨
은혜를 생각하는 달

자애로운 어머니와 같은
부드러운 속살로
시샘의 손톱 세우던 사월의 바람
지긋이 잠재우고
상처 어루만지는 오월

서럽도록 눈부신 오월의 빛깔은
일 년 열두 달의 결핍을 덧칠하여
은총의 하늘빛 가득 내리게 한다

올해도 연두꽃이 피었습니다

초록도 아닌 것이
노랑도 아닌 것이
빛을 입은 연두꽃들
내 눈을 사로잡아
핑그르르 돌아가네

어릴 적 엄마 등에서
꼬시라운 잠
스르르르 빠져들 때처럼
이 황홀한 어지럼 속에
내 편견의 눈을 묻고
연두에 물들어버리고 싶은 오늘

유월의 숲에 들어

오늘은 1시간을 어디에 쓸까
올라가면 야산
내려가면 저잣거리인데
그래, 오늘은
흥정이 바글대는 시장이 아닌
값을 매기지 않고 받아주는
숲으로 가자

시절을 다 해 힘없이 누워있는
장미 울타리 언덕을 지나
청청한 초록으로 가득 메운
유월의 숲에 드니
후욱! 하고 불어 넣어주는 초록 하트에 취한다

산들바람은 볼을 만지며 "사랑해요"
새들은 폴짝폴짝 포르르르
찌루 찌루 찌루루 까악까악 까각깍
뼛속까지 시원하게 불러주는 환영식
보이지 않게 섬겨주는 지렁이, 개미들까지
보람을 찾은 듯

아무 대가를 바라지 않네

자라가는 숲이 흐뭇한 듯
갸웃이 들여다보며 미소 짓는 조각하늘
단순한 언어로 할 말을 다 하는 세상일세

나는 그대들을 위해 무엇을 할까
그래 알았다
값으로 값을 할 수 없는
단순한 시를 써서 세상에 알리리라

유월의 숲에서 평화의 노래를

북에서는 핵무기로 위협을
남에서는 서로 물고 뜯으니
늘 엎치락뒤치락
어지러운 대한민국호

하지만
하얀 이빨 드러내며 분노의 물거품
으르렁댈지라도
늠름하게 전진하는
우리 자유대한민국은
호국 영령들의 피값으로
살아남은 역사인 것을

무덤 속에서 잠잠히 지켜보는
선열들과 함께
진초록 위에 눈부시게 내려앉은
유월의 햇살과 함께
즐거이 부르는 새들의 틈에 끼어
북핵도 무서워할 강력한 무기
평화의 노래를 부르니
멀미가 가라앉는다

일일초

매일 한 송이씩 피어나는 일일초

삶이란 우리의 일상은
권태스런 반복일지라도
나날로 새롭게 꽃피우는 것

살다가 전쟁을 치르듯
절망이 병풍으로 둘려 있을 때
초나라의 노래*를
화살로 쏘아대는 적을 향하여
주저앉지 않는 것
뚫린 하늘 바라보며
하늘노래로 응답하는 것

나와 너 사이 아무 일 없었던 듯
지나간 추억 떠올리며
수수한 미소 하나 얹어
시 한 줄 남기며
또 하루를 버텨내는 것

* 사자성어 사면초가(四面楚歌)에서 '초가(초나라의 노래)'

자작나무 숲으로 가리라

올겨울엔
자작나무 숲으로 가리라

자작나무 숲에 들면
검은 점박이 백색 말 아가씨들
훌훌 옷 벗어 던진 채로
하늘 향해 두 귀 쫑긋 들은 이야기
추위를 모르고 수런대겠지

저 눈 덮인 시베리아 어느 곳에
얼어붙은 이야기 녹여내며
생살 터지는 아픈 사연도
파르르르 껍질로 말해주겠지

올겨울엔
자작나무 모여 사는 숲으로 가서
따뜻하고 피가 도는 이야기
귀 기울여 한껏 듣고 오리라

장마

비를 안은 구름이 땅에 내려와
스멀스멀 자리 잡고 살려 하네
온 산을 접수하고
마을 어귀까지 내려와
좀처럼 물러서지 않는 점령군일세

언제 끝날지 모르는 장마에 대비하느라
바쁜 나날 보내는 호수는
불을 피워 올리는지
불길에 김이 서려 오르는지
뿌연 연기 자옥하다

국지성으로 쏟아붓는 호우 속에
미친 듯이 달려오는 그리움 하나
같이 살자 같이 살자
눅눅해진 마음 쾌적하게 말려 주네

진달래, 그 붉은 울음꽃

순한 웃음 속에 숨겨진 울음꽃
아득한 날,
순이, 숙이, 철이 함께 산에 올라
진달래 한 묶음 꺾어 다발 만들어
보고 보아도 하도 이뻐서
너도나도 한 잎씩 입에 넣어
잘근잘근 씹어보았지
꽃 맛은 꽃 맛일 뿐
허기를 메울 순 없었던

진짜인지 가짜인지
애 간 빼먹는다는 문둥이 이야기
어린 맘에 걱정이 되어
혼비백산 달려 내려오던 산

어느 날
같이 놀던 문둥이 숙이 가족은
외딴 곳으로 이사를 하고
진달래 꽃잎 맛 잊은 지
오랜 지금

진달래 꽃잎 같던 귀여운 입술들
연분홍치마 휘날리며 굽이쳐온
지난한 세월이 궁금한 이 봄

진달래가 저리도 핏빛으로 피어
울음인 듯 미소인 듯
붉은 진액 터트리며
문둥이의 슬픔을 전해 주는데

칠월을 맞으며

뻐꾸기 소리 먹고 자란 유월의 숲이
일 년의 반허리 싹둑 잘라내어
미련 없이 내어준 자리
농숙한 모습으로
든든히 와 서 있는 칠월

지워지지 않는 상흔의 유월이
큰비와 함께 눈물 콧물
다 떠나보내니

거수경례하며 인사하는 칠월
본 게임이 더 중요하다며
손잡고 가자 한다

함박눈 오는 날

함박눈이 함빡함빡 오시네
말도 많고 탈도 많은 세상
점도 없이 흠도 없이
하얗게 갈아엎은 하늘 본심 알았으니
내 마음도 봄눈 녹듯 스르르르 풀리네

나도야 함박눈 되어 너에게 가고 싶다
오늘 하루 너를 만나면
끝간데 모를 눈벌판을
손잡고 걸어보리
눈사람도 만들고 눈싸움하다가
목언저리 젖으면
눈 내리는 카페 창가 배경 삼아
라떼 한 잔 사랑 가득 부어
진종일 둘이서 눈부처 하고 앉아
숫자 없는 시간을 보내고 싶어라

함박눈 내리는 날
눈처럼 녹아 없어질 하루를 생각하네

제2부

인생 · 어머니 생각

겨울비 오는 날
- 안양역을 지나며

겨울비가 추위를 재촉하며
추적추적 내리는 날
안양역, 에스컬레이터에 오른다

코를 진동하는 퀘퀘한 냄새
바로 위 계단에 서 있는 노숙자가
뚫어진 집 한 채를 짊어지고 있다

아침이면 물거품이 되는 꿈
간밤에도 꾸고 또 꾸었을
허망한 꿈들을 둘둘 말아
또 다른 머물 곳을 찾아 떠나고 있다

피 터지며 얻어내는 자리
눈비 와도 끄덕 없을 곳 찾아
서러운 집 한 채 빈 집 위에 지고 간다

미용실 입구 사랑초

둥그런 꽃밭 만들어
방금 세수한 사랑초 한 아름
문지기로 세워놓은 미용실
원장님은 무언가 아는 게야
사랑만이 치유가 될 수 있음을

원장님의 얼굴마담으로 세워놓은
사랑초는 다 알고 있다
미용실 드나드는 이들의
사랑을 갈구하는 마음을
곱슬머리로 바뀐 사연,
흰 머리카락 사이 숨겨진 비밀 이야기,
몇 가닥 안 남은 머리카락들의
한숨 소리도 다 듣는다

하여,
들어오는 이마다 일일이
힘내라 뿜뿜 위로의 미소
당신을 지켜줄게요*
바닥까지 떨어진 자존감을

일으켜 세운다

인생이란
알고 보면 아는 병이라고
한아름 안아주는 사랑 많은 사랑초

* 꽃말 : '당신을 지켜줄게요', '당신을 버리지 않을게요'

사람에게는 얼마만큼의 땅이 필요한가*

땅, 땅, 땅…

탕! 탕! 탕!
총칼을 겨루어 피를 흘리며
그렇게 차지할 것이 아닐세

더 많은 땅을 위하여
총성 없는 전쟁에
자신의 목숨을 바친 파홈**처럼
그렇게 차지할 것도 아닐세

행복의 천사로 둔갑한 악마가 보여 주는
끝 간데 모를 저 아득한 곳까지
조금만 더, 더, 더…
해 지기 전 그는 박차를 가하여
목숨을 담보로 달렸건만
너른 땅을 차지하고 돌아온 그는
끝내 숨이 진했거니
관 한 개 들어갈 땅이면 족했던 것을

온유한 자가 땅을 차지한다고 했던
영원한 생명이신 예수 그리스도는
자신이 땅이라고 더 많이 차지할 것을
그토록 원하셨다네

자기 생명이 소중한 줄 아는 나의 친구여
예수 그리스도를 믿어
죽어도 죽지 않는 영생 얻기를 힘쓰세나

* 톨스토이의 단편소설 「사람에게 얼마나 많은 땅이 필요한가」
** 위 소설에 나오는 주인공.

애도 기간

이태원 참사
희생자들 추모하며
전국민 애도 기간 일주일!

주룩주룩 !표로 찍히는
눈물
!! !! !! !! !! !! !! !! !! !! !! !!
눈물이 마를 때
… .
그때야 끝이 나는 것을

어떻게 살았냐 묻는다면

햇볕 넉넉한 시장 입구
도로 옆 난전에 앉은
할머니 앞자락에 펼쳐진
무질서한 봄

쑥, 미나리, 두릅, 묵은 마늘까지
할머니 뼛속을 꾹꾹 쑤시며
붙들려 나온 먹거리들
겨우살이 앞다투어 뚫고 나온
지난한 삶이 궁금하다

그대, 날더러
어떻게 살았냐 묻는다면
말로는 답할 수 없어
시인이 되었노라고 말하리라

말할 수 없어도 할 말은 많아
몇 줄 시구와 함께
하늘빛 가득한 미소 보내어
행간을 비춰주리라

어부바
- 요양원에서 어버이날 행사

어버이날 요양원 홀에서 펼쳐지는
시끌벅적 효잔치

-이번엔 부모님을 업든지 안아드리세요-
사회자의 말이 떨어지자마자
-엄마 내 등에 업혀요-
-아서라 허리 다칠라
전에 보니 셋째 오빠밖에 날 못 업더라-
한사코 말리시는 어머니
가느다란 등을 내민 내 동생은
엄마를 지게처럼 등에 업고
우는 아기 달래듯 좌우로 흔드는데
저 아름다운 광경을
아무도 보는 이가 없는데 나는 보았네
부모를 공경하라 하신 분의 카메라 렌즈에도
클로즈 업 되었으리라

내 눈에서 어룽대는 뜨거운 물체는 왜일까
어머니가 가벼워지신 건지
개미허리 막내딸의 불끈 솟는 사랑 때문인지
이래저래 가여워서

엄마 목욕 시키기

94세 울 엄마
3주 만에 퇴원하는 날,
한 번도 씻겨 드려본 적이 없는 엄마의 몸
막막했으나 일단 의자에 앉혀놓고
샤워기로 뜨끈한 물을 끼얹으니
히야 개운타 개운타 하신다
여자인 듯 여자가 아닌 듯
사람인 듯 사람이 아닌 듯 낯선 몸뚱이
가죽으로 구석구석 접힌 곳을 들추며
주마등처럼 스치는 지나온 세월을 펼치며
내가 뜯어먹어 뼈만 남았구나
미안하고 고마워서 참회의 기도를 하듯
때밀이로 문지르고 문질러
맑은 물로 홀가분히 흘려보낸다
깃털처럼 가벼워진 듯 아무 근심 없는 아기같이
방긋 웃는 울 엄마

처음에 산처럼 버티고 있던 일이
감사와 사랑의 마음이 짐을 가볍게 해주어
거뜬히 해낼 수 있었음을

울 딸은 효녀일까

생일날
딸이 생일 선물로
계좌이체를 했다며
카톡 이모티콘으로
생일 축가를 불러주고
재롱을 부리며 고백하는 말,

난 엄마가 내 엄마 아니었으면 좋겠다
내가 엄마의 엄마였으면 좋겠다
마음껏 꿈 펼치라고 지원해주게

감동이다
혹시 어려서 못해준 못난 엄마 마음 찔리라고?
아니겠지 우리 딸은 효녀겠지
생일,
울 엄마도 보고 싶고
울 딸도 보고 싶은 날

일몰의 시간

한 해의 반성과
새해의 다짐을 모아
렌즈에 담는 시간

일출이 있으면
일몰이 있기 마련
해돋이의 가슴 벅찬 희망 못지않게
해넘이의 시간은
하루의 행보를 돌아보는 자성의 시간
때로는 비틀비틀
곁실로 가며 긁히는 상처도
주홍빛으로 승화시켜온 생
참으로 고왔던 지구별 여행이었다고 고백하며
데드라인을 넘는 저 열정의 붉은 덩어리
해넘이의 아름다운 뒤태에
온 하늘은 기쁨의 합창으로
노을을 펼쳐 잔치를 벌이고
갈매기들도 날개 접고 무릎 꿇어
경의를 표하는구나

월광곡

달빛 교교하게 흐르는 밤
휘영청 떠오른 달을 뚫어지게 쳐다보며
소리 없는 월광곡 연주를 듣는다
달빛에 미쳤던 음악가의 뮤즈가
오늘은 내게 찾아온 듯

어려서 국어책에 나온 월광에 얽힌 이야기
선생님이 나를 지명하여 읽으라 하실 때,
나는 일어서서 또랑또랑 읽어 내려가다가
어느결에
달빛을 받으며 산책하던 베토벤과 함께 걸었다
피아노 소리에 발걸음 멈춘 베토벤이
소녀에게 다가가 말을 걸었을 때
"저는 눈이 멀어서….'
소녀의 목메이는 음성을 들은 듯
난 속울음을 울었다
월광에 얽힌 감동에 점령당해서였을까

눈먼 소녀가 가장 존경하는 음악가가
바로 곁에 있는 것, 그리고

그 소녀에게 감동 받은 베토벤
이들을 비추이는 달빛에 미쳐버린 이 사나이는
온 영혼을 불살라 전무후무한 즉석 콘서트를 벌이고
오직 가난한 그 소녀, 한 청중을 위하여
온 달빛 끌어모아 뿜어내는
달빛 소나타에 취해버렸던 걸까

이 밤, 달은 날더러
어쩌라 하지 않는데
딜빛 그림자 끌어안고 미치도록
월광 속으로 들어가는 달밤이다

임 만나러 가는 길
- 강진 정약용의 유배지 '다산초당' 올라가는 길

저를 밟고 올라가소서!
송두리째 내어주며
한 계단 한 계단 안내하는
뿌리의 길
다산초당 올라가는 길

뿌리 하나하나 밟으며
가슴속에 담는
희생의 메시지들

임 만나러 가는 길은
안내자가 필요하다 하네
아파도 인내하며
창자 쓸개까지 다 보여주며
뿌리가 전하는 말!

임께서도 그리하셨음을
죄, 죄, 죄, 덮어씌우면 죄가 되는
죄투성이의 세상
임금을 사랑한 죄,

민초들을 사랑한 죄,
임의 임을 사랑한 죄로
시린 발로 오르신 길

일곱 살에 모친 여읜 슬픔
독서에 전념터니 걸어간 길
그 사랑과 희생의 눈물 담아
방울방울 맺힌 600여 권의 저서 위에
떨어진 눈물의 싹이 자라
상처가 디딤돌 되어
밟아도 밟아도 죽지 않는
생명나무가 되었다 하네

참매미와 광복절

해마다 이즈음이면
내 이명이 심해지는가
머리를 흔들어 보아도
그게 아니다 분명

근육질 체력으로 지칠 줄 모르며
한여름을 달구어 녹여 내리는
저 우렁찬 울음소리는
그날의 함성을 재연해주는 소리

광복의 기쁨과 감사를 잊고
서로 왕이 되어 종 삼으려는
왕왕왕왕 짖어대는 소리 잠재우려
이 땅에 광복절을 데리고 오는 소리

초승달 · 2

기다렸다는 듯 이마에 가 닿는
초승달
한 무리의 구름 떼 쫓아버리고
외톨박이로 서 있네

초승달 눈썹 어머니
하늘 속 깊은 곳에 가시더니
그곳이 얼마나 좋은지
돌아올 기미 보이지 않더니
오늘은 눈썹달로 나오셔서
삭월에도
달이 없는 것이 아니라고
무언으로 말씀하시네

무덤 같은 날들 제치고
희망으로 떠오른 저 초승달
내 기도의 응답인 듯싶구나

커피 한 잔의 묵상 · 2

시리아 알레포처럼
코비드-19와의 전쟁 또한
일상으로 흘러
태어나고 먹고 싸고
시집 장가 죽어가네

코비드-19로 인해
전쟁도 그치건만
총 없는 총성에 아우성치는
바이러스와의 전쟁을 치르는데
손톱 발톱 치켜세우고
머리 풀어 헤치고 쫓아오는
미친바람은 어떤 메시지인가

오늘따라 그리운 너
마스크 오래 쓰더니
벙어리 되었나 전화도 없네
태풍 따라 밀려오는 우울을
쓰디쓴 커피로 달래본다

커피에게 듣는 인생 강의

코로나19의 힘센 주먹에
나가떨어진 세상
역사의 수레바퀴는 멈추고
수은주의 꼭대기에서 대결하는
확진자의 수치만 보이는 세상
창문 너머 거기 누구 없소?
하고 보면
마스크 쓴 마네킹들뿐

문 걸어 잠근 채 너나없이
발목에 족쇄 채인 수인(囚人)
나는 여기서 너는 거기서
죄 없는 커피만 죽이는구나

커피에게 듣는 인생 강의는
코로나19가 아니어도
삶은 쓰다 씹다 보면 안다
허나 그건 끝이 아니다
쓴맛도 그렁저렁 곱씹다 보면
바닥에 고인 고소하고 달콤한 맛
곧 그날이 온다고

코로나 섬

닿을 듯 닿을 듯
닿지 않는
우리는 섬이다
코로나 섬

저만큼서 다가오는
낯익은 얼굴, 마스크로
반쪽뿐이지만 반가워라
안부 물을 겨를도 없이
쌩 돌아서 가는 뒷모습

코로나의 옷을 입은
그 섬이 궁금하다
탐험자가 되어
그 옷을 벗기고 싶다

폭탄

폭탄,
저 무서운 물건이
얼마나 많은 생명을 앗아갔더냐!
지구촌 곳곳 전쟁터에서…

전쟁과 휴전이 계속되는 생활 전선에서
시집 장가가며 애 낳는 일상 속에서도
폭탄 맞는 일은 흔한 일

혹시 그대 곁에는
'걸어 다니는 폭단'이 있지 않나?
그렇지 않으면 죽은 고기일세

폭탄은 죽이기도 하지만
살리기도 한다네
덕택에 나는
시퍼런 눈뜨고 펄떡거리며
오늘 하루를 활어처럼 살아냈다네

헤어질 결심*
– 영화「헤어질 결심」을 보고

용의자랑 사랑에 빠지는 형사라니!

그대와 나
애당초 이루어질 수 없는 우리 사랑은
운명처럼 다가와서
쫓고 쫓기는 몸으로
만나자마자 헤어질 결심을 해야만 했지요

직임에 충실할수록
공의에 묻혀 익어가는 사랑
드디어 신발 끈을 고쳐 매며
사랑할 결심을 하는데 왜 그대는
헤어질 결심을 하는가?

그것은
무너져가는 그대를 차마 볼 수가 없기에
그대와 헤어지는 길, 이 길만이
그대를 사랑하는 길이어요

일생일대 지울 수 없는

사랑의 상처 심장에 새겨놓고서
하염없이 밀려오는 파도에 묻혀
안개 속으로 사라져 간 내 사랑이여
사랑이 안개와 같다면
인생이 안개와 같다면
안개 걷히면 이 슬픔도 걷힐까

* 영화 제목 - 박찬욱 감독. 탕웨이, 박해일 주연의 영화.

현충일에

6.25의 만행에 희생제물이 된
꽃다운 대한의 아들딸들이여
당신들의 목숨값으로
우리가 살게 됨이
이만큼 자유를 누릴 수 있음이
감사무지로소이다

빗발치는 포탄 온몸으로 받으며
찢겨지는 몸 날아가는 철모
피어오르는 꽃, 만개하기도 전에
뚝뚝 떨어져 나간 임들이여
포탄 자국으로 헐벗은 조국강산
다시 태어나 이만큼
부국강병 이룬 자유대한민국
당신들이 없이는 이 땅에
태극기, 무궁화꽃 어찌 피었을까요?

유난히 푸른빛 감도는 유월이옵니다
영원히 바래지 않는 푸르른 임들이여
당신들은 잠들었으나 깨어 있어

심장 펄떡이는 조국강산이옵니다
당신들의 이름 없는 비목 앞에서 후손들은
영원히 빛날 이름들을 추념합니다

이상 철없는 후손이 몇 자 올려드립니다

제3부
신앙으로 가는 길목

2023년을 보내며

세밑에 와서 돌아보니

흔들어 넘어뜨리려 하면
더 뿌리가 깊어지는 벽 앞에서
또르르 떨어지는 슬픔 한 방울
내 님 발밑에 닿자마자
응답을 주셨네
사랑과 감사라는

하여
돌아보니
기도 바구니보다 넘치는
응답
하늘을 덮네
또르르 떨어지는 행복 한 방울
내 눈물의 값일 듯싶네

고베를 지나며
- 2022년 10월 그 땅을 밟으며

1995년 지진으로 참혹했던 땅
태평양 전쟁으로 최대의 사망자의 기록
쌈빡하게 복구했어도
이 세상 흔들리지 않는 곳 어디 있더냐!

창조주는 안 보이고
피조물들이 신인 줄 아는 그들
얼마나 마음이 불안하면 그럴까?
종교성이 특심한 그들에게
옛날 유대땅에 선지자들을 재차 보내셨듯
선교사의 무덤이라 하는 그 땅에
주의 종들을 재차 삼차 보내시는 것은
돌멩이도 녹이셔서 새사람 만드시는 분,
그리스도 안에서
아브라함의 후손이 되게 하시는 하나님,
그분이 일하심을 보여 주시는 것

어두운 그 땅에 소망 있으라
하늘의 빛을 받아들이라 함이건만
그들을 긍휼히 여기심이건만

흔들리는 이 땅에
궁극적인 소망을 두는 것이
얼마나 허무한지를 알라고
예수 그리스도를 구주로 믿고
하늘 소망으로 살라고
흔들리지 않는 나라를
상속으로 받으라고 함이건만
눈을 씻고 보아도
십자가가 안 보이는 그곳에
십자가가 세워졌으니
하나님은 그 땅을 버리지 않으셨음이리
보이는 것에 집착하지 않는 성도의 순종으로
하나님의 큰일 이루심을 보여 주심이라

우리가 주목하는 것은 보이는 것이 아니요
보이지 않는 것이니 보이는 것은 잠깐이요
보이지 않는 것은 영원함이라*

* 고린도후서 4장 18절.

꽃진 자리

다시 4월이다
이 땅에 봄이 왔던가

아침 하늘은
두 주먹 쥐락펴락하며
큰 기침 한 번 하더니
가만가만 비로 뿌리신
의를 택하고 상처입은 영혼들이
흘리는 눈물이듯
어느새 상흔의 옷 갈아입고
사월이 넘는 고개는 아프기만 하다

승리의 미소를 띠며
불의가 의를 비웃는 세상
이 아침 아무 힘이 없는 나
눈물 한소끔 흘리며 할 수 있는 것

의로우신 재판장 나의 하나님
꽃다운 나이에 십자가에서 피우신
영원히 흐려지지 않는 진붉은 꽃

예수 그리스도시여
머리에서 발끝까지 흘러내린
상흔의 피로
우리의 꽃진 자리를 덮으소서!

꽃기린꽃

가시 줄기에서 피어나는 꽃

가시 돋은 길 피 흘리며
골고다까지 다 올라가 죽어야만
피어나는 고난의 꽃이런가

은 삼십에 눈먼 유다는
독을 머금은 입맞춤으로
예수를 십자가에 넘기고
어둠 속 제 갈 길로 갔다
채찍으로 만신창이 된 예수도
어둠 속에 던져졌다

하늘 아버지는 차마 아들을 볼 수 없어
온 세상의 빛을 다 꺼버린 채
아무도 모르게 울고 있었다

십자가의 수치가 영광인 줄
하늘 아버지의 마음을 잊어버린 세대여
하늘의 비밀을 알리는
고난 속에 피어나는 영광의 꽃을 보라

난화(亂畵) 속에서
- 안경

얽히고설킨 난화 속에서
찾아낸 숨은 그림
안경이라 이름 지었습니다

사람은 저마다
자신의 안경알에 입힌 색깔대로
세상을 봅니다
색을 빼고 투명한 알로
그대로의 세상을 보면 좋으련만

난화 속에 숨은 그림 건져내어
이름 지어 주듯
주님은 오늘도 땅 위에 뜨는
별들의 이름을
하나 하나 부르십니다 주님,
저에게도 그리스도의 눈을 입혀주시어
보배를 보배로 보게 하소서!

눈물이 목구멍으로 흐를 때

눈물이 목구멍으로 흐를 때
난 닦을 수 없네

남들은 세월의 옷자락 잡고
가지 말라 하는데
난 그렇지 않네

저 잿빛 하늘 바라보며
갈아엎어야 할 땅
파고 파도 꼬리가 보이지 않는
저 사래 긴 밭

해의 길이를 더하여 주신
인자한 손길, 허나
이미 쏜 살은 어둠에 박혀 난
붙잡던 일몰의 햇자락 놓고
잘 가라 어서 가라 인사하네

하루를 살아내면 날 끌어안는 밤
감사로 찬양을 올리면

검은 비단자락으로 감싸 안는
커다란 약손

잠시 후면 저 잿빛 하늘 가르시고
휘황한 옷자락 펼치며
친히 몸소 나타내실 내 님 보이네

눈물이 목구멍으로 흐를 때

다시 게으름
- 김남준 저, 『게으름』을 읽고

오래 전에 김남준 저, 『게으름』을 읽고
다시 『다시, 게으름』을 읽었다

공감 백프로 '다시 게으름'이란 말 때문에
손에 잡은 책
헤아릴 수 없이 많은 저술의 저자
스타일을 확 바꾸어버린 문체와
SNS 언어를 연구해서
호흡이 짧고 감성적인 어투의
잘 읽어지지만 의미는 깊은 내용이다
이러한 변신 역시
다시 게으름에 빠지지 않고
타성에 젖지 않는 저자의 시도였으리라

그동안 코로나 핑계 대고
세월에 둥둥 몸을 띄워 보내며
다시 게으름에 빠졌었다

달란트를 땅에 묻어둔
게으르고 악한 종이라고

혼쭐나면 어쩌나
정신이 번쩍 났다
때가 악하다고
세월을 아끼라고 말씀하셨건만
세월을 아낀다는 것은
영적인 일에 부지런하라는 것일 터

이제 보니 내 양옆에 날개가 있어
날 수 있는 새였는데
닭들과 편하게 지내다
날 수 있다는 길 잊어버렸었구나
이제 날개를 펼치고 날아오르자

내 마음에 나무 한 그루

깨지고 얻어터지고 서러워
밍기뉴 나무 아래 나아가
서러움 다 토해내고
다시 살아갈 힘을 얻고
또 장난치고 사고치다
밍기뉴 나무 앞에 나아와
슬픔을 토해내는 제제*

개구쟁이 제제와도 같이
나는야 언제나 어른아이
내 마음에 자리 잡은 나무 한 그루는
늘 눈물병 준비하시는 분
내 서러움 받아 담으시는
영원히 시들지 않는 생명나무 예수

* 바스콘셀로스, 『나의 라임 오렌지 나무』에 나오는 주인공.

달개비꽃
- 닭의장풀

닭 벼슬 닮았다고 주어진 이름 달개비꽃
선물로 받은 하루 받쳐 들고
꼬끼오 하며 어둠을 깨운다

연습이 없는 일회성 인생에
벼슬이 아니라
닭 똥꼬를 닦는 무수리가 되어도
잠시 깃든 생의 줄기에서
당신을 만나
한 송이 꽃으로 피어 행복했노라
찰나의 생에 쏟아 부어 주신 은총에
감사했노라
눈물 어린 파아란 미소로 고백한다

담쟁이 · 2

고풍스런 예배당 건물 벽
예쁜 담쟁이로 덮인 것이
겉모양뿐이면 어쩌나 했었는데
이제 보니
저토록 사이좋게
손에 손잡고 어깨와 어깨로
스크랩을 짠 단결이었다니

잡은 손 놓으면
아찔한 절벽
사랑이 아니고는
살 수가 없어

예배실 올라가기 전
우리는 한 몸이라고
심비에 새기라 하네
미리보기 설교로 예쁘게
담벽째 온통 수놓으며

맨드라미*
- 계관화

맨드라미 피고 지고 몇 해이던가
제 몸보다 더 큰 왕관을 이고 서서
붉은 자존감으로 어엿하게 서 있네

타오르는 사랑** 하나로
당당하게 쌓아 올린 금자탑이련가
임을 향한 열정은 사랑일까 집착일까
붉은 관을 차지하고자
피 터지게 싸우며 살아온 세월
몇 해이던가

이제는 뉘엿뉘엿 해도 저물고
그분 앞에 다 내려놓고
회계할 시간이 다가오는데

* 대중가요 '비내리는 고모령'의 한 구절.
** 맨드라미의 꽃말 : 방패, 타오르는 사랑.

뒤척이는 봄밤

뒤척이는 봄밤
왼쪽을 보고 누워도
오른쪽을 보고 누워도
천장을 보고 누워도
동구밖으로 달아난 잠은
온 세상을 휘젓고 다니다
살짜기 들어와 내 곁에 눕는다

인생은
마지막 문제를 풀 때까지
뒤척이며 설치는 봄밤인 것을

세상사 모른 척 눈감고
꽃노래 몇 번 부르면
휘익 가버릴 짧은 봄날에
어이하여 죽음을 생각하는가

골고다 언덕까지 오르신 분
나도 따라 올라가
마지막으로 남기신 문장 하나

다 이루었다*
내 몸에 새기며
그 흔적으로 살아갈 힘을 얻네

* 요한복음 19:30.

백지(白紙)수표의 꿈

새해, 365일을 보장받은 것처럼
가슴이 부풀어 오른다
하여, 허락받은 날들을
백지수표라 이름하여 본다

하늘나라 은행 잔고는 무한대라고
네 믿음을 내게 보이라 라고 하시니
고민을 해본다
혹 0을 많이 붙이면
발목에 걸려 넘어질지도 몰라

사자를 그리려고 해야
고양이라도 그린다는데
옳거니, 이 세상을 다 달라고 하자
꿈의 끄나풀 놓치고 떠내려가는
천하보다 귀한
한 영혼을 달라고 하자

새해, 가난한 자나 부자나
꿈꾸는 일은 자유

공평하게 주어진 백지수표에
0을 몇 개나 채울까 갈등하다가
드디어 한 영혼을 그려 넣는다

부활을 기다리며
- 2020년 봄

코로나19의 시퍼런 칼날 피해
너나없이 유형으로 유배당한 유형지
고독한 섬에 갇혀
하늘만 바라본 지 어언 4개월

봄은 빼꼼히 문을 열었건만
겨울도 무색한 독기 가시지 않은 살바람이
바이러스와 함께 쏘아대
욱신욱신 전신앓이다

코로나19는 피멍울 맺힌
고난의 발자국이다
비아돌로로사* 골고다까지 가야 하는
그 언덕에서
코로나19보다 더 악한
오만가지 변종으로 가지를 치는
우리의 죄
절망의 십자가에 다 못 박아
무덤 속에 파묻어야 한다

거기서야 우리
소망으로 피어나리라
부활의 주와 함께

* 비아돌로로사 : 슬픔의 길, 고난의 길(예수님이 걸어가신 길).

빗방울 잔치

동글동글 구르며 자지러지는
빗방울 잔치
단순 반복 훈련으로
오래 참는 사람살이
동그랗게 새겨주네

팔월 초록고개 넘으며
들려오는 아프간 소식
부르르 살 떨리게 하는데

평화를 담은 비는
쪼록쪼록 쪼로록
얼룩진 여름을 헹궈주네

갈등으로 얽힌 이 땅,
허리 쓰다듬으며
조금만 더 참으라 하네
가을은 곧 온다고
열매를 보며 정의의 낫을
휘두르시는 손 있으니

소망을 버리지 말고
사랑의 본분 다 하라 하네

밤 비행기 안에서

밤 비행기에서 내려다본 땅 위의 불빛들
하늘의 별들이 수놓음 같네

밤하늘 별들이 보내는 반짝반짝에
땅 위의 별들도 반짝반짝 화응하는구나

한국에서 기도로 쏘아댄 복음의 화살
필리핀 보홀의 영혼들에게 날아갈 때
그 땅의 영혼들도 꽃으로 피어 응답하겠지?

빗소리 듣는 아침

잠이 깨어 아침 기도에 드는데
거듭 말씀하시네

두두두두두두두…

똑같은 말씀만 하시면 어떡하냐고
날더러 어쩌란 말이냐고
물어도 대답 대신
두두두두두두두…

힌줄기 빗소리로 일괄하시며
세상이 아무리 소란스러워도
그 소리 들어야 산다 하시네

오래전 듣던 말씀
또 들려주시며
너도 비가 되거라

이제야 그 소리 해독이 되네

사랑초 한 송이 키우고 싶다

발그레 피가 도는
건강미인 사랑초
보는 이에 미소 바이러스 세례를 내뿜는다

사랑초 한 송이 키우고 싶다
예전 어린 왕자*가 기르던 장미처럼
네가 내게 선물로 온다면
날마다 필요한 생명수로 마시우며
바람막이가 되어 주리라
사랑을 먹여 네가 곱게 자라면
우리의 넘치는 사랑
또 하나의 사랑을 낳아
별처럼 돋아나는 사랑초밭 만들리라
세월 지나 그 꽃잎 한둘 떨어지며
하늘의 별로 뜨는 날
아름다운 하늘의 향연을 함께 보리라

* 생텍쥐페리의 저서 『어린 왕자』.

사월에 찾아온 자목련

결 고운 잎잎마다
핏빛 짙은 자색옷 살포시 걸친
기품 있는 자태의 자목련
그분의 발자취 더듬는
사월 수난주간에 찾아온 메신저러니
맑은 물과 붉은 피를 연상하며
눈물 그렁해지는데

그분은 왕이시니
자색 옷을 입으심이 마땅하거늘
비웃음과 조롱으로 걸쳐놓은 자색 망토는
다윗왕의 후손으로 오신
왕후장상의 품격에 맞는 옷이어서
그 홍포를 입으시고 십자가 지신 분
가시면류관에서 채찍 맞은 온몸에서
피가 비같이 내리고…

기품있는 빛깔 자목련은
우주를 품는 사랑으로
모든 죄, 비애를 안고 가신
그리스도 예수의 메시지를 보여준다

석모도*에서

적적함을 채취하러 석모도에 가다

들락거리던 발길 뜸해진 섬
갈매기도 잠재우고
하이얀 숨소리조차 절제하며
적요한 시간을 보내는

왁자지껄 다난했던
상흔의 여름 털어내고
외로움을 택한 섬
시름시름 대신 앓는 억새들의
대궁을 타고 올라오는
서글픈 노래 소리만

석모도는 이쯤에 와서야
한여름, 하늘 높은 줄 모르고
하얗게 드러내던 교만의 물결
고르게 펴 말리며
숨 고르는 중
한 해가 다 가도록 받아먹은 말씀

행간을 오가며 묵새기는 중

한 해의 마무리 앞에서
렌즈에 잡히는 것들 모두
하, 사랑만 하고 싶어라
가슴에서 화수분 같은 사랑 솟쳐 올라라

* 석모도 : 인천광역시 강화군 삼산면에 있는 섬.

선교여행
- 2023년 10월 필리핀 보홀

습습한 공기 훅훅대는 날씨에
땀뻘뻘 흘리며 올라간 정상은
전기도 안 들어오는 곳
야자수 바나나 숲 사이에 얼기설기 지은 집들,
사시사철 을씨년스런 여름을 사는 이들
영혼육의 헐벗음에 누가 온기를 넣어주었나
만나보니 따뜻한 피가 도는 이들
산에서 내려오는 물을 받아 마시며
빗물 받아 빨래를 하며
곡식을 절구에 찧어서 밥을 해 먹는 곳
그곳이 바로 선교사님이
눈물과 땀으로 일군 성전이라네

아기를 안고 있는 젊은 엄마의 애환도
인생의 골 깊은 골짜기 넘나드는 일
이제는 능수능란해진 할매들 할배들도
싱긋 싱긋 웃음 가득 춤사위로 풀어내며
구원의 기쁨 찬양으로 올려드리고
가슴에 손 얹어 기도해 줄 때
예수님의 옷자락 잡듯

내 손을 더 머물러 두려는 간절함이
이제도 마음 저린다

선교사님의 예수님 발자국 따라간 길 위에 뿌려진
하늘 향기 맡으며 따라가 본 선교 여정은
코코넛 물을 마시고
바나나 잎사귀에 싸서 만든 떡과
절구에 찧어 지은 현미밥, 약식이며
한국에서 먹지 못한 열대 과일 실컷 먹고
오히려 섬김을 받고 돌아오는데
그것이 위로가 되었다니 감사감사합니다

산수유꽃 · 2

간밤에 다녀간 봄비에
노란 별꽃 송이 초롱초롱
남모르는 환한 웃음
피식피식 웃다가
참을 수 없어 터뜨리는
축포 소리 요란하다

흥얼흥얼 절로 나오는 노래
하룻밤 새 나눈 우리 정분
풋사랑이 아니라오
여름 지나 가을이면
조잘조잘 빨갛게 익은 얼굴
튼실하게 나올 테니
내 님 닮은 아가들 보소
둥개둥개 보람찬 날
내 사랑은 일편단심
영원불멸*의 사랑이라오

* 산수유 꽃말 : 영원불멸의 사랑.

숨

코로나 감염으로
중환자실에 실려간 이도
백신 부작용으로
응급실에 실려간 이도
1초가 다급한 숨이련만

이 흙덩이에 후우 하고
숨을 불어넣으신 분이
나를 그리 살리고자
쉼 없이 내게 달라붙어
살게 해주었구나

마스크로 숨 막힘보다 더한
사회구조로 돌아가는 물레방아는
언제나 멈추려나 그 또한 숨 막히지만

숨을 쉬게 하시는 은혜 망각하고
맞이한 하루 참회하며
감사로 숨을 쉬니
내 영혼이 춤을 춘다

시리아 알레포
- 다큐영화 「사마에게」를 보고

영화에 나오는 대사는 실제 대화이다
픽션보다 논픽션이라 더 잔인한
전쟁이 일상이 되어버린 알레포

폐허가 된 도시
종전의 기약도 없는 그 속에서 태어나고
자라고 이별하고 죽어가고
살아있는 사람은
포탄 소리가 천둥소리가
저들의 행복의 웃음을 빼앗을 순 없어
저 무서운 물건이 방 안으로 쳐들어오기까지는

피 흘리며 죽어가는 시체가
산 사람만큼 많은 현장에서
신음하며 부르짖는 소리
알라!

살아있음에 자체로 감사하는 모습
그래, 나도 다 내려놓고
주님 한 분만으로 감사가 되살아나네

살아나도 한 번은 죽어야 하는
육의 모습을 한 영적 전쟁터에서 때로는
한 방 맞고 비명을 지르며
살아가는 우리
한 물 휩쓸고 가면 잠잠했다가 나타나는
출애굽 전의 10가지 재앙처럼
현재도 우리를 위협하는 우한폐렴
그럼에도 불구하고 부르짖으면
현존하시며 영존하시는 하나님을 뵈올 수 있는
이런 복을 저들에게 나누어 주어야 하는데…

어느 봄날에

더께옷을 훨훨 벗어버린
공원의 나무들
예고도 없이 찾아온 봄비에
푸릇푸릇 피가 돌기 시작한다
하늘에 뿌리 박고서

하늘이 내어놓은
기도의 응답이런가
눈물 콧물 흘리며 불러도
겨우내 볼 수 없던 얼굴 이제사
얼어붙어 앙토라진 등을
은총의 봄비로
말갛게 쓸어내리니

빗줄기 하나하나에 심겨진
임의 심사 헤아리는데
맑은 눈으로 본 봄 누리에
접혀진 햇발 눈부시게
펼쳐보이시네

임의 마음이 하도 고와서
맑은 바람 한 모금에
감사의 눈물과 섞어 마시며
하늘과 화해를 한다
오늘은 감사의 화목제를 드리는 날

이 봄날, 길 위에서

많은 이들이 길 찾아 지나갔을
길 위에 떨어진 사연들을 주워 올리며
채소가게로 걸어간다

사람 사는 것이 천차만별이라지만
간밤에 상번제로 올린 눈물
기도의 제목은 다를지라도
하루 24시간 선물로 받은 이들은
비등비등한 하루살이들인 것을

색색깔로 과일 채소들 진열해놓고
목 터져라 호객하는 소리에
몰려든 사람들
심장이 활어처럼 펄떡이며
서로 앞다투어 싸고 좋은 것 고르고 있다

간택을 받기 위해 얼굴 디미는 것 중
실한 것으로 골라 담아 돌아오는 길
아까 지나갔던 앰뷸런스 또 지나간다
숨 막히는 저 철렁함이라니

이 봄날에 길 위에서 길을 생각한다
마지막 숨을 다 하고도 지워지지 않을 길
예수님을!

이른 아침 산책길
- 강릉에서

봄밤을 뒤척이며
잠 못 이루는 이들을 위해
자장가 불러 주던 숲으로 간다

아무도 가지 않은 길
아침 햇귀 내리며
밤이슬 스러져가는
광휘로운 숲길을
임과 함께 걷는다
내 님은
시원하고도 온화한 바람으로
얼굴을 감싸주며
내 말에 귀 기울이는데

노루 한 마리 경충경충
휘익 지나가고
"뻐꾹" 한 번 인사 하고
숨어 엿보는 뻐꾸기와 조용해진 새떼들
우리를 지켜보며
데이트에 길을 내주는데

이 눈부신 아침에 부웅 떠오르는
내 몸이 자동 반사로 나오는 건
창조주 하나님을 찬양하는 것
내 귀에 들리는 음성은
내가 너를 사랑하노라

읽는다

나는 오늘도
읽으며 산다
존재하는 모든 삼라만상을

꽃도 풀도 나무도
시도 수필도 소설도 그림도 영화도
너의 마음까지도 읽는다

오늘도 나는 읽으며 숨을 쉰다
내 인생에 들어온 너와
합승하며 가는 여행길에서
때로 내 교만한 눈은
내 인생 밖을 기웃거린다

하지만
지으시고 보시기에 참 좋다고 하신
그분 닮은 너와 나이기에
너의 어깨 너머 그림까지
찬찬히 읽으며 가련다

오직 말씀이 육이 되어 오신 분
날마다 말씀들로 오시는 그분을
잘 읽기 위하여

올해도 수국이 피었습니다

2022년 6월,
제주 전도 여행에서 만나는 수국이
희망을 선사합니다
빵 터지는 웃음으로
간밤에 오만가지 시름에 뒤척이다
아침을 맞이한 이들에게

제주 땅에 발 디디는 족속들
한 달 살이, 두 달 살이, 혹은 일주일 살이
꿀물 떨어지는 신혼부부의 어깨 위에도
더러 올라앉은 근심의 먹구름을
한 방 날리고 가라 합니다

해변가로 돌고 돌며 도를 닦는 이는
입에 게거품을 물고
내가 무얼 잘못해서 이렇게 되었나
파도에게 물어도
파도는 하얀 거품 내뿜으며
다 토하고 가라
철썩철썩 양심을 때려주는데

수국은 다만 커다란 웃음을 선사합니다

전철 안에서

오랜만에 전철을 탔다
전철에 들어서 자리에 앉자
일제히 신상 앞에 묵념하는
신 바벨론의 문명인들이 한 눈에 들어온다
어쩐지 나도
스마트폰을 들여다보아야 할 것만 같은
우두커니 있으면
바보가 될 것 같은
저들 속에 보이는 내 모습에
아니야! 나는 눈을 감고
문명의 독을 디톡스(해독) 하고자
바벨론의 신 아닌
참신이신 하나님께
묵상 기도를 한다

천일홍의 소망

천일까지 간다는 천일홍
말이 그렇지 천일은 천천천천
끝도 없는 숫자일 터

다시 오마 하고 떠나신
마지막 약속 붙들고
어느 때나 오시려나
난 이렇게 한 겹 한 겹
그리움만 쌓아가고 있어요

오신다던 임은 소식이 없고
그 약속 잊으라
날마다 찾아오는 검은 유혹에
난 차라리 하늘을 봅니다
하늘은 새침을 떼며
구름 한 점 만들지 않고
동구밖에 나가 봐도 기척 하나 없어
되돌아오는 허전한 발걸음
당신은 아시나요

난 어제도 오늘도 붉은 피 흘리며
절망과 싸웁니다
말이 그렇지 천일은 천천천천
끝없는 숫자인즉
천년이 걸려도 나는 당신을 기다리렵니다

커피 한 잔의 묵상·3
– 주님의 침묵에 대하여

엎었다 젖혔다
젖혔다 엎었다
만신창이가 되어도
도대체 언제까지?

간밤에 흘린 눈물
눈물병에 담아놓으시고
내일 일은 내일에게 맡기라며
생명싸개로 안아
포근한 잠 속으로 견인하신다

돌아보니 아하 아하,
내 실수 허물에도
아무 말씀 안 하셨네

아침이 되어
커피 한 잔의 틈새도 감사하여라
형편은 여전하건만
함께 걷자 하시는 음성
내 귀에 메아리로 남아

감사합니다 사랑합니다
또 하룻길을 걸어간다

카라꽃

요리 보고 조리 보아도
내 청춘 다하여
불살라도 모자랄 듯
카라의 단순명료한 형상 안에
빨려들어 가는데
그 안에 숨겨져 있는
순결한 이름에
오늘은 고백하고 싶어라

온 우주를 품은 사랑
내 흠과 티를 덮어주는
오직 당신이면 되어요
뭐 군더더기 따라오는 것 때문에
당신을 사랑하는 게 아니어요
날마다 눈부처* 만들며
마주 보는 우리 사랑은
오직 흠 없고 순전한
천년의 사랑** 이어요

* 눈부처 : '눈동자에 비쳐 나타난 사람의 형상'.
** 카라꽃말 : '천년의 사랑'.

하늘 위에서 식사
- 오사카에서 돌아오며

누가 쇳덩어리가 하늘을 날 줄 알았으랴!
누가 하늘 위에서 식사도 할 줄 알았으랴!
밥과 닭고기 파인애플 한 조각, 주스 한 잔
후식으로 과자 한 봉지 정도에 포만한 배

하늘 위에서 보니
땅 위의 것들이 왜소함을 알겠네

창조주께서 하늘 위에서 내려다보실 때
잘난 체하는 인생이 얼마나 가소로울까
잊지 말라고
하늘 높이 올라 겸손을 배우게 하시는구나!

공중 나는 새를 먹이시는 하나님은
땅에 사는 내가 하늘을 나는 중에도
부지런히 인생들을 움직여서
먹이시니 참 감사합니다

환승역 앞에서

시인들의 시를 문자로만 읽었네
겉만 핥아 내려가
공감했노라 거짓말을 했네

생의 모서리에 찢고 깨져 피맺힌
행간은 건너뛰며
뚜벅뚜벅 걸어가는 모습만 보았네

한 해가 저무는 환승역 앞에서
그토록 날 사모하신다는
피로 쓰신 말씀 껍질만 핥았음을
하여
날마다 파도를 보내셨음을

이제는 옹골찬 양식으로
허기진 공복을 채우며
당신과 함께라면 이대로
에돌아 에돌아 가도 좋을 길임을

제4부

시집 평설

■ 시집 평설

백지수표의 꿈, 시의 결실로 영글어

박진환
(시인·문학평론가)

1. 전제

　3부에 나누어 80여 편의 시를 수록하고 있는 김계문 시인의 두 번째 시집 『백지수표의 꿈』을 일별하기 전 「책머리에_시인의 말」을 읽으면서 번쩍 스쳐 가는 것이 있었다. 시행 '설익은 과일을 내놓은 듯 아쉽지만'에서 스스로의 분신인 시를 '설익은 과일'에 빗대인 점이었다.
　그렇다. 시인은 어쩌면 한 그루 과목일 수도 있다. 스스로의 생각과 느낌과 바라봄을 언어로 숙성시켜 빛깔과 모양과 당도와 영양가로 발효시켜 익히는 한 그루 과목에 빗대어 볼 수도 있다고 여겨졌기 때문이었다.

시를 말할 때 시란 간단히 말해 아름답고 인상적이고 다양하게 효과적으로 사물을 진술하는 방법이라고도 하고, 시는 최상의 행복, 최선의 정신의 기록이라고도 한다.

그런가 하면 시는 구체(球体)의 과일처럼 감촉할 수 있고 묵묵해야 한다고도 했다. 그렇다. 시는 '아름답고 인상적인' 사물의 진술, 최상의 행복, 최선의 정신을 둥근 과일처럼 감촉할 수 있게 익혀내는 것이란 부연도 곁들여 볼 수 있게 한다. 이 점에서 시인은 한 그루 과목일 수 있고, 과목에 주렁주렁 구체의 과일을 영글게 할 수도 있게 된다.

문득 스치는 시에 대한 백거이(白居易)의 견해가 떠올랐다. 시란 '정을 뿌리로 하고, 말을 싹으로 하며, 소리를 꽃으로 하고, 의미를 열매로 한다'는 피력이다. 이 피력에서 '뿌리', '싹', '꽃', '열매'는 시인을 한 그루 과목으로 볼 수 있게 하는 충분한 근거를 제공한다.

김계문 시인이 피력한 "설익은 과일"도 음미해 보면 시인을 과목으로 보고, 그 과목에 열매한 시를 '설익은 과일'로 피력했던 것이 아니었을까 하는 추리를 해보게 한다. 시인의 겸손은 이러하거니와 과일을 선택하는 것은 선호하는 독자의 몫이다. 이 독자의 구미에 보탬이 될 수는 없을까가 평자의 몫으로 여겨져 시를 일별하면서 방점이 찍힐 만한 시편들을 예시하기로 했다.

김계문 시인이 두 번째로 상재한 시집 『백지수표의 꿈』은 우선 시집 제목에서 몇 가지 시사하는 바가 암시되어 있다고 여겨졌다. 그것은 '백지수표'가 발행인이 발행 서명만 하고 그 밖의 어음 요건의 전부 또는 일부를 나중에 취득자로 하여금 보충 기입하게 하여 수표를 미완성인 상태로 발행하는 어음이기 때문이다.

　이를 시에 적용시키면 시를 읽는 독자 쪽에 액면을 위탁하는 것과 다르지 않게 된다. 사용 액면은 사용자가 기재할 수 있기 때문인데 시인의 말 '적당한 독자에게 시집가서'는 과일이 기호에 따라 선택을 달리하듯 시도 독자에 따라 그 효용이나 체험에 따라 시적 감동을 달리하는 독자 몫에 연계하고 있다고 여겨진 때문이다. 이 점, 김계문 시인이 의식했건 의식하지 않았건 '독자 수용'과 맥락을 같이 한다고 여겨졌다.

　독자 수용은 독자가 직접 시 속에 뛰어들어 상상력을 작용, 시적 미학에 접근하는 방식이다. 그래서 한 편 시는 시인의 것에서 독자의 몫으로 이동하게 된다. 일종의 미학에의 공동 참여쯤이 되는 이치다. 김계문 시인이 암시역으로 던진 몇 가지 시에의 참여 요구는 이쯤 전제로 제시하면서 3부에 수록된 시편들을 제시, '설익은 과일'의 빛깔과 맛과, 발효의 숙성도, 나아가 시적 효용으로서의 영양가에 이르기까지를 각 파트별로 나누어 점검해 보기로 한다.

2-1 제1부의 자연·꽃 시편들

시집 제1부에는 「자연·꽃」이라는 타이틀 아래 시 「가을비 연주회」를 비롯, 26편의 시가 수록되어 있다. 파트 타이틀이 말해주듯 자연 사물과 자연에 마주할 수 있는 자연과의 조우, 계절의 순환이 환기시키는 자연감정이나 자연애를 바탕으로 꽃을 비롯한 계절 사물들로 1부는 장식되어 있다. 그중에서 꽃 시 한 편을 먼저 제시해 본다.

　　코로나 일구 소리만 들어도
　　아이구 소리가 나오는데
　　지끈거리는 머릿속 달래려
　　야산에 오른다
　　간밤 정신없이 주절거리며
　　처마 밑에 쭈그리고 앉아 구시렁대던
　　봄비
　　예 와서 회포를 풀어놓았나
　　순박한 산수유꽃들
　　은근지게 피어내는 노란 웃음
　　알 듯 모를 듯 하여라
　　감추려 해도

노랗게 발효되어 삐져나오는

그 비밀의 웃음을

 예시는 「산수유꽃」으로 1부에 수록된 여러 꽃시 중의 1편이다. '산수유꽃'은 다투어 피는 봄꽃 중 그중 제일 먼저 개화하는 꽃 중의 하나다. 그리고 시인들은 즐겨 이 꽃을 시로써 형상화하기를 즐겨하기도 했다.
 예시도 그런 '산수유꽃'이다. 헌데 발상부터가 당돌하다. 그것은 '산수유꽃'이라는 개화에 대한 진술보다 역병 코로나 시대가 먼저 제시돼 꽃의 묵시적 이미지에 역병이라는 악마적 이미지를 선행시키고 있기 때문이다.
 화자는 대뜸 '코로나 일구 소리만 들어도／ 어이쿠 소리가 나온다'고 역병 시대를 살아온 삶의 체험을 앞세운다. 문의대로 좇으면 코로나에 질려 지근거리는 머리를 달래러 야산에 오른 것으로 되어 있다. 올라왔더니 간밤 '처마 밑에 쪼그리고 앉아 구시렁대던／ 봄비'가 개화를 촉진시켜 노랗게 핀 산수유꽃들의 '노란 웃음'을 듣게 된다. 웃음도 '노랗게 발효되어 빠져나오는／ 그 비밀의 웃음'이다.
 발상의 양극화, 일테면 코로나19로 발병지대가 된 역병 시대와 이와 전혀 상반된 산수유꽃의 개화 지대를 대비시켜 시대적 삶에 대응되는 자연 친화력을 소환한다. 자연과 문명의 대비랄까, 자연의 순수와 문명의 역병이라는 묵시와 악마적 두 이미지의 상충이랄까가 시적 양극화를 톡톡히 해내고 있다. 역병의 발병지대로서의 문명 현실과 산수유꽃이 만발한 자연의 개화 지대가 순수와 오염으로 양극화된 현상을 두 컷으로 제시해 주고 있기 때문이다.

그런가 하면 시행 '처마 밑에 쭈그리고 앉아 구시렁대던/봄비'에 대한 청각적 이미지가 봄비의 소리 없이 내리는 속성을 정태적 청각적 이미지화로 시각적 이미지와 함께 감각 상호 간의 호소력으로 작용하게 해준다. 그런가 하면 산수유의 메인 이미지인 노란 색채 이미지를 '노란 웃음', '노랗게 발효된' 색채 이미지로 채색해 주고 있어 공감각의 호소력을 배가해 주고 있다.

한 편의 시, 그것도 한 편의 꽃시로써 거둔 양극화와 감각 상호 간의 호소력을 이끌어낸다는 것은 결코 쉬운 일은 아니다. 이 점에서 예시는 꽃시 구실을 충실히 해냈다고 여겨진다.

이번에는 자연의 한 축소 공간인 자작나무 숲으로 이동, 화자의 자연감정이랄까, 자연 친화력이 어떻게 재단되어 컷과 컷으로 재구성되고 있는지 접근해 보기로 한다.

올겨울엔

자작나무 숲으로 가리라

자작나무 숲에 들면
검은 점박이 백색 말 아가씨들
훌훌 옷 벗어 던진 채로
하늘 향해 두 귀 쫑긋 들은 이야기
추위를 모르고 수런대겠지

저 눈 덮인 시베리아 어느 곳에
얼어붙은 이야기 녹여내며
생살 터지는 아픈 사연도
파르르르 껍질로 말해주겠지

올겨울엔
자작나무 모여 사는 숲으로 가서
따뜻하고 피가 도는 이야기
귀 기울여 한껏 듣고 오리라

  예시도 역시 1부에 수록되어 있는 시 「자작나무 숲으로 가리라」 전문이다. 자작나무 숲은 달리 나무 중에서 가장 수줍고 숙녀답다고 로우엘은 피력한 바 있는 때 묻지 않은 순수함을 간직한 산림지대다. 이러한 자작나무의 이미지를 '검은 점박이 백색 말 아가씨들'로 형상화하고 있는데 2연의 문의는 '훌훌 옷을 벗어 던진 채'로 벌거벗은 순수지대로서 추위를 모르는 산림지대다. 이런 순수지대에 3연은 '저 눈 덮인 시베리아'로 극한지대를 설정, 온난지대인 자작나무 숲과 한랭대인 '시베리아'를 대비시킴으로 양극화를 제시하고 3연에서는 '자작나무 모여 사는 숲으로 가서/ 따뜻하고 피가 도는 이야기'를 듣고 오리라고 진술하고 있다. 여기에서 '피가 되는 이야기'는 살아 생명하고 있는 순수의 담론쯤이 아니겠는가.

예시 역시 2연과 3연의 대립 관계를 종연에서는 피가 돌아 소통하는 이야기 지대, 곧 인간 지대로 이동함으로써 상반·상충의 이미지를 화해로운 질서의 합일 관계로 이동함으로써 위트의 순발력을 보여 주고 있다.

'추위'와 '따뜻함'의 대비와 '순수와 오염'의 자연의 순리나 화해와 같은 자연감정의 순수를 읽게 해주고 있다. 다음으로 인생·어머니 생각의 시편들을 들여다보기로 한다.

2-2 제2부의 인생·어머니 생각 시편들

제2부에는 어머니와 딸을 매개시켜 인생론적 담론을 형상

으로 재구성한 인사적 시편들이 중심이 되어 있다. 「겨울비 오는 날」 외 18편의 시가 수록되어 있는데 이 중에서

>겨울비가 추위를 재촉하며
>추적추적 내리는 날
>안양역, 에스컬레이터에 오른다
>
>코를 진동하는 퀘퀘한 냄새
>바로 위 계단에 서 있는 노숙자가
>뚫어진 집 한 채를 짊어지고 있다
>
>아침이면 물거품이 되는 꿈
>간밤에도 꾸고 또 꾸었을
>허망한 꿈들을 둘둘 말아
>또 다른 머물 곳을 찾아 떠나고 있다
>
>피 터지며 얻어내는 자리
>눈비 와도 끄덕 없을 곳 찾아
>서러운 집 한 채 빈집 위에 지고 간다

고 진술한 2부에 수록된 안양역을 지나며란 부제가 붙은

시 「겨울비 오는 날」의 전문이다. 한 노숙자가 환기시키는 안정대 구축에 실패한 낭인의 삶을 몇 컷으로 재단해 재조립한 시로서 비참한 한 노숙자의 비극적 삶을 드러내고 있다.

겨울비 오는 날 화자는 '안양역 에스컬레이터'에 오른다. 그때 어디선가 '퀘퀘한 냄새'가 풍긴다. 바로 에스컬레이터 뒷계단에 서 있는 노숙자가 풍기는 역겨운 냄새였다. 노숙자는 '뚫어진 집 한 채를 짊어지고 있다'가 시의 메인 이미지로서 '노숙자'는 뚫어져 삶을 빠져나가고 비는 스며드는 동퇴서비(東頹西圮)와 같은 노숙인의 삶이 짊어져 있다. 동퇴서비는 이리 쏠리고 저리 쏠리는 무너져내리기 직전의 허술한 집으로서 노숙자의 삶을 상징하는 메타포가 동원한 가정의 집이다. 2연의 이런 문의와 이미지는 3연에서 삶의 현장이 아닌 안정된 삶을 꿈꾸는 노숙자의 꿈으로 표상된 내면세계로 이동된다. 꾸고 나면 허망만이 체험되는 허무의식의 집이다. 그 꿈들을 둘둘 말아 새로이 머물 곳을 찾아가는 과정을 한 컷으로 재단한 셈이다.

그리고 종연에서는 '눈비 와도 끄떡 없을 곳 찾아/ 서러운 집 한 채 빈집 위에 지고 간다'는 고달픈 노숙자의 역정을 진행형으로 제시하고 있어 한 노숙자의 안정대를 구축하지 못한 비극적 삶을 제시, 현실적 삶의 비극성을 제시하고 있다. 그리고 이러한 삶은 노숙자의 삶이면서 현실에 안정대를 구축하지 못한 현대인들의 비극적 삶에 오버랩시킴으로써 인생론적 삶의 담론을 한 컷으로 제시해 준 것이 된다.
　다음 시는 요양원에서 있었던 어버이날 행사의 한 장면을 컷으로 재단해 어머니에 대한 효심을 제시해 주고 있다.

　　어버이날 요양원 홀에서 펼쳐지는
　　시끌벅적 효잔치

　　-이번엔 부모님을 업든지 안아드리세요-
　　사회자의 말이 떨어지자마자
　　-엄마 내 등에 업혀요-
　　-아서라 허리 다칠라
　　전에 보니 셋째 오빠밖에 날 못 업더라-
　　한사코 말리시는 어머니
　　가느다란 등을 내민 내 동생은
　　엄마를 지게처럼 등에 업고
　　우는 아기 달래듯 좌우로 흔드는데
　　저 아름다운 광경을
　　아무도 보는 이가 없는데 나는 보았네
　　부모를 공경하라 하신 분의 카메라 렌즈에도
　　클로즈 업 되었으리라

내 눈에서 어룽대는 뜨거운 물체는 왜일까
어머니가 가벼워지신 건지
개미허리 막내딸의 불끈 솟는 사랑 때문인지
이래저래 가여워서

예시는 '요양원에서 어버이날 행사'라는 부제가 붙은 시 「어부바」의 전문이다. 어버이날 부모를 즐겁게 해드리기 위한 행사의 하나로 자식들이 어버이를 업는 한 장면이다.

동생의 등에 업힌 엄마를 지켜보며 화자는 '내 눈에서 어룽대는 뜨거운 물체는 무엇일까?'라고 설의하며 '어머니가 가벼워지신 건지/ 개미허리 막내딸의 불끈 솟는 사랑 때문인지' 스스로 자문자답하다 끝내 그것이 '이래저래 가여워서'란 어머니에 대한 연민의 정으로 귀결된다.

특별한 발상도, 이미지도 없지만 화자의 상상력을 통해 어머니에 대한 사랑과 연민, 효라고 하는 혈통의식을 읽게 해준다. 그리고 혈통의식이란 게 인류의식의 대표적 덕목이란 것은 주지하는 바이기도 하다.

해석이야 어쨌건 두 예시는 크게는 인간의 비극적 삶을 작게는 부모와 자식의 사랑을 형상화했다는 점에서 인사적 담론이라고 할 수 있다. 끝으로 제3부는 「신앙으로 가는 길목」의 제하에 시 「2023년을 보내며」 외 37편을 수록하고 있다.

2-3 신앙으로 가는 시편들

수록된 37편의 시는 예외 없이 신앙생활에서 얻어진 모티프를 시로써 형상화한 시편들로서 종교적 발원에서 소망·구원에 이르기까지의 다양한 목소리를 담고 있다. 이 점 화자가 목사란 신분을 지니고 있다는 점에서 당연한 귀결이라고 할 수 있다.

신앙과 구원의 문제는 불가분의 관계를 지니고 있다. 일찍이 괴테는 신앙과 시의 문제를 같은 맥락의 연원에서 찾았고, 프랑스의 비평가 알베레스는 시인은 믿어야 한다고 신앙인이어야 한다는 점을 강조했다. 물론 전자는 신앙과 시의 연원적 맥락성에서, 후자는 미지의 세계를 믿는 신앙인이란 다소 다른 차이를 지니고 있지만 어쨌든 시와 신앙, 시인과 신앙은 같은 맥락의 연원성과 함께 믿음이라는 동질성을 갖고 있다는 점에 동류항을 성립시킨다. 이쯤에서 3부의 시편을 제시해 보기로 한다.

> 깨지고 얻어터지고 서러워
> 밍기뉴 나무 아래 나아가
> 서러움 다 토해내고
> 다시 살아갈 힘을 얻고

> 또 장난치고 사고치다
> 밍기뉴 나무 앞에 나아와
> 슬픔을 토해내는 제제*
>
> 개구쟁이 제제와도 같이
> 나는야 언제나 어른아이
> 내 마음에 자리 잡은 나무 한 그루는
> 늘 눈물병 준비하시는 분
> 내 서러움 받아 담으시는
> 영원히 시들지 않는 생명나무 예수

　제3부에 수록된 시 「내 마음에 나무 한 그루」 전문이다. 예시 속의 '나무 한 그루'는 여러 가지 의미나 이미지로 유추해 볼 수 있을 것 같다. 하나는 종교적 교의로 해석할 수 있는 시행에 의하면 '영원히 시들지 않는 생명나무 예수'일 수도 있고, '설익은 과일'을 주렁주렁 매달고 있는 시의 나무로도 유추해 볼 수 있게 하기 때문이다. 문제는 '생명나무 예수'이건 '시의 나무'이건 두 대상이 믿음의 대상, 신앙의 대상, 구원의 대상으로서의 '나무'라는 점이다. 이 점에서 '내 마음의 나무 한 그루'는 수용미학이 그러하듯 독자들의 수용에 맡길 수밖에 없을 것 같다.

그렇기는 하나 절대신앙인 예수를 마음에 심었건, 시로써 실천하고 싶은 시의 열매로서의 나무였건, 화자가 마음에 가꾸고 있다는 점에서 각기 표현은 달리하지만 같은 맥락의 동질성을 지니고 있다는 점에 귀결될 수 있다고 본다.

3. 결어

이쯤에서 결론은 제시될 수 있다고 본다. 그것은 김계문 시인의 두 번째 시집 『백지수표의 꿈』이 실제가 아닌 꿈이라는 점에서 한 그루 나무도 꿈으로 제시될 수 있고, 이 점에서 '백지수표의 꿈'은 시로써 실천하고 싶고 또 실현함으로써 이번 시집으로 거둔 성과로 제시할 수 있다고 본다.

백지수표의 꿈

2024년 2월 10일 인쇄
2024년 2월 20일 발행

지은이 / 김계문
발행인 / 박진환
펴낸곳 / 조선문학사
등록번호 / 1-2733
주소 / 03730 서울 서대문구 통일로 389(홍제동)
대표전화 / 02-730-2255
팩스 / 02-723-9373
E-mail / chosunmh2@daum.net

ISBN 979-11-6354-260-5

정가 10,000원

* 인지는 저자와 합의 하에 생략
* 잘못된 책은 서점에서 교환해 드립니다.